Unterrichtsmaterialien mit Kopiervorlagen

Ins
Netz
gegangen

Herausgegeben
von Dr. Birgitta Reddig-Korn,
erarbeitet von Constanze Velimvassakis

Mit Bildern von
Veronika Gruhl

Mildenberger

In der Reihe Buch+ sind bisher erschienen:
Highway to Hamburg (Band 1) von Jochen Till, illustriert von Achim Schulte
Texte zu den Themen Musik, Freundschaft und mehr
Herausgegeben von Ulrike Schuldes
ISBN 978-3-619-05420-6 / Bestell-Nr. 540-20

Zack und die Sache mit Benni (Band 2) von Christian Tielmann, illustriert von Annabelle von Sperber
Texte zu den Themen Mobbing, echte Freunde und mehr
Herausgegeben von Ulrike Schuldes
ISBN 978-3-619-05422-0 / Bestell-Nr. 540-22

Ins Netz gegangen (Band 3) von Olaf Büttner, illustriert von Veronika Gruhl
Texte zum Thema Social Media, Freundschaft und mehr
Herausgegeben von Ulrike Schuldes
ISBN 978-3-619-05424-4 / Bestell-Nr. 540-24

Der Kick zur Freundschaft (Band 4) von Olaf Büttner, illustriert von Inge Voets
Texte zu den Themen Wettkampf, Freundschaft und mehr
Herausgegeben von Ulrike Schuldes
ISBN 978-3-619-05426-8 / Bestell-Nr. 540-26

Bestell-Nr. 540-25 · ISBN 978-3-619-05425-1
© 2019 Mildenberger Verlag GmbH, 77610 Offenburg
www.mildenberger-verlag.de
E-Mail: info@mildenberger-verlag.de

2. Auflage 2025

Umschlag- und Innenillustrationen: Veronika Gruhl, 80799 München
Konzept und Lektorat: Dr. Birgitta Reddig-Korn
Redaktion: Maxi Gade, Ulrike Schuldes
Grafik: PER MEDIEN & MARKETING GmbH, 38102 Braunschweig
Druck: Wünsch Druck GmbH, 92289 Ursensollen
Gedruckt auf umweltfreundlichen Papieren

Inhalt des Buches in Kürze

Frieda und Lisa finden ihre alte Chat-Gruppe langweilig. Da ist Question Mark viel spannender. Frieda entschließt sich, gegen den Rat ihres Freundes Emil, bei QM mitzumachen. Zu Beginn macht es noch Spaß, doch schnell sind sie in einem Strudel aus Beleidigungen und Mobbing gefangen. Ein Unbekannter nötigt Frieda, Bikinifotos von sich zu posten, und zersticht sogar ihre Fahrradreifen. Nele aus ihrer Klasse hetzt im Chat gegen die Freundinnen und beschimpft sie als Tussis. Man weiß nicht mehr, wem man trauen kann.

Erst auf einer Gartenparty bringt Emil Licht ins Dunkel.

Kernthemen

* Soziale Medien
* Freundschaft
* Vertrauen

Konzept und Aufbau des Buches

Die konzeptionelle Besonderheit dieses Jugendbuches ist die Kombination eines Romans mit jeweils einer Kapitelkurzfassung an jedem Kapitelende und einer textübergreifenden Auswahl an Sachtexten für Jugendliche zum Thema Soziale Medien, Mediennutzung und Cybermobbing. Zusätzlich enthält das Buch Leseübungen zur Verbesserung der Lesefähigkeit und Leseflüssigkeit.

Die Kurzfassungen ermöglichen es auch schwachen Lesern, an der Klassenlektüre teilzunehmen. Diese Schülerinnen und Schüler können nur die Zusammenfassungen lesen und die entsprechenden Aufgaben bearbeiten oder vertiefend im Buch nach- oder weiterlesen. Da sie so dem Inhalt der gesamten Klassenlektüre folgen können, ist ein Austausch über den Roman für alle Schülerinnen und Schüler möglich, auch wenn nicht bei allen in der gleichen Tiefe.

Konzept und Aufbau der Unterrichtsmaterialien

In diesem Unterrichtsbegleitheft finden Sie folgende Vorschläge für den Einsatz im Unterricht:

1) Leseportfolio zum Roman (S. 5 – 33)
* Leseaufgaben zum sinnerfassenden Lesen
* Leseaufgaben zur Lesegeläufigkeit und Leseflüssigkeit
* Übungen zur Entwicklung von Lesestrategien und Lesekompetenzen

2) Lesekartei zu den Kurzfassungen der Kapitel (S. 34 – 43)
* Leseaufgaben zum sinnerfassenden Lesen für leseschwache Leser und Leserinnen: Die Aufgaben sind allein durch das Lesen der Kurzfassungen am Kapitelende lösbar. So bleiben alle Schülerinnen und Schüler beim Lesen der Klassenlektüre integriert und ein gemeinsamer Austausch über den Roman ist für alle möglich.
* Leseaufgaben zur Lesegeläufigkeit und Leseflüssigkeit
* Leseaufgaben zur Steigerung der Lesefertigkeiten

Die Karteikarten im praktischen DIN-A5-Querformat sind gut für die Freiarbeit geeignet. Sie können laminiert und in der Leseecke des Klassenzimmers in einer Box aufbewahrt werden. Die Schülerinnen und Schüler können die laminierten Karteikarten mit abwischbaren Folienstiften beschriften und ihre Arbeit anhand der Kurzfassungen selbst kontrollieren. Alternativ können den Schülerinnen und Schülern auch Papierkopien zur Verfügung gestellt werden, die dann zu einem Leseübungsheft zusammengefügt werden.

3) Arbeitsblätter zu den Sachtexten (S. 42)

4) Service-Seiten: Kapitelkurzfassungen auf einen Blick und Lösungen (S. 44 – 48)
Die Kapitelkurzfassungen können laminiert und ausgeschnitten werden. Dadurch entsteht nochmals ein vielseitig und differenziert einsetzbares Unterrichtsmaterial, das auch als Legespiel verwendet werden kann.

© Mildenberger Verlag · Bestell-Nr. 540-25

Leseportfolio

zu den 14 Kapiteln
des Romans

1 Finde die Fehler

Lies das erste Kapitel aufmerksam durch.
Auf den ersten Blick sind die beiden Texte genau gleich.
Wenn du genau liest, findest du im unteren Text zwölf Fehler.
Finde sie und unterstreiche sie mit Lineal.

Für die Schule brauchten wir nichts mehr machen, bald gab es Zeugnisse. Und draußen war es so kalt, dass wir keinen Fuß vor die Tür setzen wollten.
Friedas rotes Sofa war der gemütlichste Ort auf der Welt.
Hier konnte man es supergut aushalten. Unsere Chat-Gruppe gab nicht mehr viel her. Seit fast alle aus der Klasse dabei waren, war sie nicht mehr spannend. Neue Fotos und Videos, die von den anderen kamen, guckten wir uns kaum noch an.
Immer der gleiche Käse. Vor allem von Nele. Sie war die Einzige in der Klasse, die wir nicht leiden konnten. Seit sie sich mit Philipp und Marcel aus der Siebten traf, hob sie immer mehr ab. Sie dachte, Wunder wer sie ist.

Für die Schule brauchten wir fast nichts mehr machen, bald gab es Freikarten. Und drinnen war es so warm, dass wir keinen Fuß in die Tür setzen wollten.
Friedas gelbes Sofa war der ungemütlichste Ort auf der Welt.
Hier konnte man es kaum aushalten. Unsere Chat-Gruppe gab nicht mehr viel her. Seit fast alle aus der Klasse dabei waren, war sie nicht mehr spannend. Neue Fotos und Videos, die von den anderen kamen, guckten wir uns nicht mehr an.
Immer der gleiche Mist. Vor allem von Nicole. Sie war die Einzige in der Klasse, die wir nicht leiden konnten. Seit sie sich mit Philipp und Marcel aus der Siebten traf, hob sie nicht mehr ab. Sie dachte, Wunder wer sie ist.

© Mildenberger Verlag · Bestell-Nr. 540-25

1 Zu Bildern schreiben

Lies das erste Kapitel aufmerksam durch und schaue dir die Abbildungen genau an. Schreibe zu Abb. 1 + 2 mindestens zwei Sätze, welche die passende Handlung im Buch beschreiben.

Beschreibe Emil (Abb. 3) mithilfe des Textes im Buch auf Seite 10. Besprich deine Lösung mit einem Partner.

Abb. 1

Abb. 2

Abb. 3

2 Auf einen Blick

Leseübung! Lies die Wörter untereinander laut und flüssig. Du kannst die Übung mehrmals wiederholen.

hättest	glatt	jedenfalls
gefrühstückt	immer	einfach
erste	wieder	tippte
abgab	schneite	fette
zeigte	standen	fies
hübsches	dampfendem	schlürfte
schrieben	eingeladen	heißen
viele	schreibt	grinste
nannten	zurück	horchte
fanden	ungeduldig	beleidigt
witzig	öffentlich	empört
saßen	erklärte	komisches
einzige	ergänzte	bisschen
ziemlich	klatschten	besonders
draußen	gewettet	wohlfühlte
kälter	gestützt	verbergen

✱ **Wenn du möchtest, kannst du auch deine Zeit stoppen und hier notieren!**

_____

_____

_____

2 Was passt zusammen?

Lies das zweite Kapitel aufmerksam durch.
Verbinde die Satzteile, die zueinander passen.

1) Du siehst aus, …

2) Das Bild zeigte ein hübsches Mädchen…

3) Wir drei saßen in der kleinen …

4) Draußen war es kälter …

5) Vor uns standen Riesenbecher …

6) „Yes!" Frieda und ich klatschten uns ab. „Um was …

7) „Hast du sie jetzt etwa beleidigt?", …

8) Aber Emil war trotzdem sauer, …

9) Dann sah sie mich an, …

10) Irgendwie hatte Emil ja recht. Genervt sprang er auf …

… mit grünen Haarsträhnen.

… Eisdiele in der Fußgängerzone.

… als hättest du einen Frosch gefrühstückt.

… dass Frieda das mit den Fröschen geschrieben hatte.

… als am Nordpol.

… als ob ich mit ihr lachen sollte.

… mit dampfendem Kakao.

… und ging nach draußen.

… fragte er empört.

… hatten wir nochmal gewettet, Emil?"

✱ **Schreibe die vollständigen Sätze in dein Heft.**

3 Lesen und ergänzen

Lies das dritte Kapitel aufmerksam durch.
Fülle die Lücken im Text sinnvoll aus.
Wenn du unsicher bist, lies im Buch nach.

Schreibe das Ende des Kapitels mit eigenen Worten und beschreibe, was passiert.

Auch wir zogen unsere dicken _____, Schals und Mützen an. Die Hände

gut in _____ verstaut, gingen wir zu Frieda _____ Hause.

Draußen konnte man es _____ aushalten. Die Kälte war _____.

In dicken Wolken ballte sich der _____ vor unseren Gesichtern. Wir legten

uns auf Friedas _____ und schrieben zum ersten Mal auf QM an ein paar

Jungs. Die waren da viel weniger _____, jedenfalls mit _____ .

Aber einige gab es doch.

Manche waren schon etwas _____. „Der sieht ja _____ aus", sagte Frieda

bei Bolle 12. „Na ja." Ich war eher _____. Frieda sah mich kurz

an und schrieb dann: Meine Freundin _____ dich voll süß! Er

war _____. Wer ist deine Freundin? Und wer bist du? Seid ihr auch süß?

;-) Durch seine Antwort war unser Chat _____, aber wir waren

ja _____._____

_____

_____

_____

_____

_____

_____

© Mildenberger Verlag · Bestell-Nr. 540-25

3 Fragen und Antworten

Lies das dritte Kapitel aufmerksam durch.
Beantworte die Fragen zum Text in vollständigen Sätzen.
Besprich deine Lösung mit einem Partner.

1) Wie ist das Wetter?

_____

2) Wohin gehen Frieda und Lisa?

_____

3) Was machen sie bei Frieda zu Hause?

_____

_____

4) Wodurch wird der Chat öffentlich?

_____

_____

5) Wen lernen die beiden Mädchen in QM kennen?

_____

6) Welche Fragen stellen sie sich gegenseitig?

_____

_____

_____

7) Warum meldet sich *Bolle 12* nie wieder?

_____

_____

4 Textsalat

Lies das vierte Kapitel aufmerksam durch. Hier ist einiges durcheinandergeraten. Nummeriere die einzelnen Abschnitte und lies sie in der richtigen Reihenfolge vor.

„Nein, Papa", sagte sie so leise, dass nur ich es hören konnte. „Und warum nicht?", fragte sie laut. „Ich kenne viele, die schlechte Erfahrungen damit gemacht haben." „Wer erzählt dir denn so was?", fragte Frieda. „Hast du etwa seit Neustem Freunde?" Das war extrem fies. Emil guckte nur aus dem Fenster. Ich mochte ihn. Aber ein bisschen hatte Frieda auch recht. Oft hörte er sich altklug an. Und das konnte ganz schön nerven.

„Echt großzügig, Papa." Plötzlich wirkte Frieda richtig sauer. Ein paar andere drehten sich zu uns um. Natürlich auch die doofe Nele. „Oh", sagte sie spöttisch, „Ärger im Hause Frisia?" So nannte sie uns immer. Eine verdrehte Mischung aus Frieda und Lisa. Haben die etwa Durchfall oder wo sind sie gerade?" „Ich würde es wirklich nicht tun", beharrte Emil. Er redete immer noch von QM.

„Nur Kommentare zu schreiben, ist langweilig", meinte Frieda am nächsten Morgen im Bus zur Schule. „Ich melde mich nachher bei QM mit Foto an. Mal sehen, was passiert." Emil saß in der Reihe hinter uns.

„Wenn man aufpasst, passiert schon nichts", sagte Frieda versöhnlich. „Tu, was du nicht lassen kannst", sagte Emil genervt.

„Ach so." Jetzt drehte sie sich zu ihm um. „Keine Sorge. Ich glaub nicht in echt, dass du mein Papa bist, Klugscheißer." „Äußerst witzig", meinte Emil trocken. „Aber das mit dem QM-Profil würde ich trotzdem nicht machen."

 © Mildenberger Verlag · Bestell-Nr. 540-25

4 Richtig oder falsch?

Lies das vierte Kapitel aufmerksam durch.
Welche Aussagen sind richtig (R), welche falsch (F)?

	R ☺	F ☹
Nur Kommentare zu schreiben findet Frieda langweilig.		
Frieda will sich mit einem Foto bei QM anmelden.		
Emil steht ganz vorne im Bus.		
Emil ist sauer auf Frieda und Lisa.		
Emil ist eigentlich nur sauer auf Frieda, aber die beiden Mädchen gehören ja irgendwie zusammen.		
Emil ist sauer, weil Frieda Klugscheißer zu ihm gesagt hat.		
Emil rät Frieda davon ab, sich mit einem Foto bei QM anzumelden.		
Er kennt Leute, die schlechte Erfahrungen mit QM gemacht haben.		
Frieda klingt oft altklug und das nervt Lisa.		
Frieda ist überzeugt, dass ihr nichts passieren kann. Es kann sie ja schließlich keiner beißen.		
Schon wieder Streit im Hause Frisia. Nele verspottet die Freunde.		
Lisa bestärkt Frieda, endlich ein Foto bei QM zu posten.		

5 Wörtersuche

Lies das fünfte Kapitel aufmerksam durch. Suche die folgenden Wörter im Text und unterstreiche sie mit Lineal und Bleistift.

Klassenzimmer, zusätzlich, cool, einzustellen, Hof, Selfie, abgeraten, Dampf, Kommentar, Ahnung, ganz, manchmal, weißen, zurück, insgeheim, Verdacht, nächste, wichtiger, Arm, süß, erriet, Schneemann, klingelte, Gedanken, einsteigen

Frieda hatte es nun noch eiliger, ein Selfie einzustellen. Dass Emil ihr abgeraten hatte, schien ihr zusätzlich Dampf zu machen. Keine Ahnung, warum. Manchmal hatte ich den Verdacht, dass Emil ihr wichtiger war, als sie zugab. In der Pause legte sie den Arm um den Schneemann, der seit Tagen auf dem Hof stand. „Selfie mit Schneemann", sagte sie und lachte. „Wenn das nicht cool ist." Der erste Kommentar kam sofort: Endlich mal jemand Nices! Und ich meine nicht den weißen Typ links *grins*. Und der nächste: Du bist echt süß. „Siehste", sagte Frieda zu mir. „Geht doch." Es klingelte und wir gingen zurück ins Klassenzimmer. „Ich glaub, das wird noch ganz lustig", sagte Frieda. „Das glaub ich auch." Insgeheim dachte ich darüber nach, wann ich selbst bei QM einsteigen konnte. Und Frieda erriet meine Gedanken. „Und wann stellst du ein Bild von dir ein?" Sie grinste mich an. Frau Dirks kam in die Klasse, wir setzten uns. „Wie kommst du denn darauf?" Ich fühlte mich ertappt. Ich wollte es nicht, aber Emils warnende Worte hallten in meinem Kopf nach.

5 Die Perspektive wechseln

Lies das fünfte Kapitel aufmerksam durch und schaue dir die Abbildungen genau an. Lisa macht sich viele Gedanken. Sie möchte eigentlich auch gerne bei QM einsteigen. Welche Überlegungen gehen ihr wohl durch den Kopf? Schreibe einen inneren Monolog (Selbstgespräch).

* Schreib in der Ich-Form. Schildere Gedanken, Ideen, Wünsche und Gefühle.

6 Flüssig lesen

Lies den Text mehrmals laut und flüssig.
Ergänze dabei die fehlenden Vokale (a, e, i, o, u).

Na, fr◯gte Nele nach d◯r Sch◯le in der Ch◯t-Gr◯ppe.

Was m◯cht dein neuer Freund? H◯st du sie ihm sch◯n gezeigt,

du blöde K◯h? Ach nee, da gibt's j◯ gar nix zu zeigen. *lol*

Frieda war so wüt◯nd, dass ich sie n◯cht von einer Antw◯rt abh◯lten

k◯nnte. Wir war◯n auf d◯r Heimf◯hrt im B◯s. Einen S◯tzplatz

h◯tten wir n◯cht m◯hr gef◯nden. Die Str◯ßen waren gl◯tt.

Es f◯hren viel m◯hr Menschen mit dem B◯s als s◯nst. Halt bl◯ß die

Kl◯ppe, selber blöde K◯h! Der Typ ist v◯ll süß! Der hat n◯r Spaß ge-

m◯cht. So ein◯r schreibt dir niem◯ls. Das schwör ich dir. Frieda sch◯ffte

es l◯cker, im Stehen zu schreib◯n. Obw◯hl der B◯s ziemlich w◯ckelte.

Ganz sicher n◯cht!, schrieb Nele z◯rück.

Weil ich nämlich n◯cht so doof bin, mein Bild da reinz◯stellen.

Du bist bloß zu feige! B◯sser feige als blöd. S◯lber blöd.

So ging das n◯ch eine Weile h◯n und her.

Ich hab mein H◯ndy ausg◯schaltet und erst ab◯nds zu Hause wieder

angem◯cht. Aber es war nicht b◯sser gew◯rden. Ganz im Geg◯nteil.

Andere a◯s unserer Chat-Gr◯ppe hatten sich eing◯mischt.

© Mildenberger Verlag · Bestell-Nr. 540-25

6 Textpuzzle

Lies das sechste Kapitel aufmerksam.
Die Sätze in diesem Text sind verwürfelt.
Schreibe die Sätze in der richtigen Reihenfolge auf.
Besprich deine Lösung mit einem Partner.

1) Irgendwie hatte geschafft Nele es, fast zu ziehen alle auf ihre Seite.

_____

2) Das komisch war, eigentlich war denn Frieda beliebter viel als sie.

_____

3) Nele hatte zickige Kira nur die als Freundin. Und natürlich und Philipp Marcel, die anhimmelten sie.

_____

4) Nele Dabei behandelte sie, als wären sie Diener ihre. Tasche Trag mal meine, hol Jacke mal meine." Und die Jungs alles machten, was sagte sie.

_____

_____

_____

5) Frieda beide und ich nicht konnten ab.

_____

6) Kira Erste hatte eingeschaltet sich als: @Frieda: Wo sonst du bist unterwegs denn noch so, um anzumachen Jungs?

_____

_____

7) Ein mitgemacht andere hatten paar. Ihre waren Kommentare besser auch nicht.

_____

7 In Abschnitten lesen

Einen Text kann man auch gemeinsam lesen.
Schneidet die Abschnitte aus und verteilt sie in der Gruppe.
Jedes Gruppenmitglied liest einen Abschnitt ganz genau für sich allein und fasst
den Inhalt mit wenigen Sätzen zusammen.
Anschließend erzählt ihr euch gegenseitig den Inhalt.

Am nächsten Morgen fuhren wir mit dem Rad in die Schule. Die Straßen waren
von Eis und Schnee geräumt. Und neuer Schnee war in der Nacht nicht gefallen.
Die Luft knisterte vor Kälte und war so klar wie Glas. Wir redeten nicht. Das war
extrem ungewöhnlich. Frieda hatte irgendwas, das stand fest. Ich fragte aber
nicht nach. Auch mir war mulmig zumute. Tausend Gedanken schwirrten durch
meinen Kopf. Und kein einziger davon fühlte sich gut an.

Als wir in die Klasse kamen, taten alle so, als würden wir nicht hereinkommen. Es
war, als würde es uns gar nicht geben. Und ich wunderte mich nicht mal darüber.
Als ich am Morgen in unsere Gruppe geschaut hatte, waren die Beleidigungen
nämlich heftig durch die Gegend geflogen. Immer hin und her zwischen Frieda
und den anderen. Aber dann hatte es plötzlich aufgehört. So plötzlich, als würde
jemand eine Schnur durchschneiden. Und dieser Schnitt war Neles letzter Post:

Wer der jetzt noch schreibt, ist genau so eine Schlampe wie sie selbst. Übrigens,
bei QM gibt's tolle Neuigkeiten! Dort hatte Quatschkopp 13 nämlich an Frieda
geschrieben: *Poste doch mal ein Bild, auf dem du ganz drauf bist.* Und Frieda
hatte tatsächlich ein Foto von sich eingestellt. Darauf war sie etwa fünf Jahre alt.
So was fand sie lustig. *Nicht so'n Scheiß. Von heute. Und auch nicht in Klamotten.*
Im Bikini oder so. Frieda schrieb zurück:

Du hast wohl 'ne Meise! Lass mich bloß in Ruhe! Bild, oder es passiert was, drohte
er. *Haha! Sehr lustig!* In der Schule versuchte Frieda so zu tun, als ob nichts wäre.
„Hallo", sagte sie laut zu allen. Aber danach wurde es so still in der Klasse wie
noch nie. Es war nicht leise, sondern wirklich still! Wie unter Wasser. Oder im
Weltraum. Mir taten davon die Ohren weh. Dann das Herz. Und schließlich der
Bauch, und mir wurde schlecht. Ich schaffte es gerade noch zum Klo, um mich zu
übergeben.

7 Stummes Lesegespräch

Finde einen Lesepartner.

Lest beide das siebte Kapitel ganz genau durch.

Schreibt zu jedem gelesenen Abschnitt einen zusammenfassenden Satz. Macht euch Notizen, schreibt Fragen und Gedanken auf, die euch beim Lesen in den Sinn kommen. Tauscht eure Aufschriebe aus und kommentiert gegenseitig eure Zusammenfassungen, eure Ideen und beantwortet eure Fragen.

Notizen	Kommentare

8 Lesen und nacherzählen

Lies das achte Kapitel aufmerksam durch.
Beschreibe die Handlung des Kapitels. Schreibe der Reihenfolge nach auf.
Als Frieda und Lisa aus der Schule kommen, erleben sie eine böse Überraschung …

_____

_____

_____

_____

_____

_____

_____

_____

_____

_____

_____

_____

_____

_____

8 Einen Dialog schreiben

Lies das achte Kapitel aufmerksam durch.

Lisa machen die Ereignisse Angst, sie will, dass Frieda sich wieder bei QM abmeldet.

Schreibe das Gespräch zwischen den Freundinnen auf. Versuche für beide Seiten überzeugende Argumente zu finden. Ihr könnt auch zu zweit arbeiten und die Rollen verteilen.

9 Sätze vervollständigen

Lies das neunte Kapitel aufmerksam durch.
Finde die Sätze im Buch und vervollständige sie.

„Du glaubst doch nicht wirklich, _____?"

Ich ließ mich auf das andere Ende _____.

„Doch, nur du kannst *Tussi* sein. Wer sonst würde so was schreiben? Schließlich

wollte _____."

„Im Grunde war's ja keine schlechte Idee. Aber glaubst du im Ernst, dass

ich _____?" Nach ihrer

Nachricht war ich zu Frieda gerutscht. Im wahrsten Sinne des Wortes. Es hatte

nun geregnet _____. Zwei Mal war ich

auf der spiegelglatten Straße ausgerutscht. Alles nur wegen Frieda. Aber wegen

der *Tussi* grinste _____. „Stimmt", sagte

sie. „Ich sehe es ein. Das würdest _____."

Sie rückte ein _____. „Aber wer

ist es dann gewesen? Wer will mir helfen und stellt sich dabei so dämlich an?"

„Emil!" Es kam _____.

„Der und dämlich?" Frieda war skeptisch. „Das passt nicht zu ihm.

Da nennst du dich noch eher Tussi." „Er wollte dir helfen _____

_____." „Der und nicht nachdenken?

Das passt erst recht nicht."

Die anonymen Kommentare auf QM häuften sich. Zuerst waren sie noch

harmlos, _____.

9 Fragen an den Text stellen

Lies das neunte Kapitel aufmerksam.

Hast du so etwas auch schon erlebt? Gemeine Kommentare im Chat, die nur geschrieben werden, um andere zu verletzen? Würden die Personen es Lisa und Frieda auch ins Gesicht sagen? Sammelt Beispiele aus eurem eigenen Umfeld und notiert sie auf die !-Karten für ein Gruppengespräch. Schreibt Fragen an die anonymen Autoren auf die ?-Karten. Diskutiert in der Klasse darüber.

!	?
!	?
!	?
!	?

✱ **Sammelt in der Klasse allgemein gültige Regeln, die euch in Chats im Umgang mit anderen wichtig sind und erstellt eine Liste.**

10 Leseübung Kuckuckseier

Der Vogel Kuckuck legt seine Eier in fremde Nester, wo sie nicht hinein gehören. In den folgenden Sätzen haben sich überflüssige Wörter versteckt. Streiche diese Wörter durch, dann kannst du die Sätze flüssig lesen.

1) „Hab ich euch gewarnt oder hab ich er euch gewarnt?"

2) Emil liebte solche ohne Wortspiele.

3) Aber wir waren nicht in der grünen Stimmung,

   darüber auch nur müde zu grinsen.

4) Natürlich war er es nicht gewesen,

   der das erste Foto bei QM zweite eingestellt hatte.

5) Wir liefen auf dem zugefrorenen mutig See Schlittschuh.

6) Das Eis war seit trockenen Tagen dick genug.

7) „War doch klar, dass Frieda so ein sicher Post nur schadet",

   sagte er.

8) „Aber wenn du es kochen nicht warst, wer war es dann?"

9) Er fuhr ein paar Schritte schneller und

   ließ sich gefroren dann wieder zurückfallen.

10) „Natürlich!", rief Emil plötzlich möglich.

   „Tussi ist gar keine Freundin, und auch kein Freund.

11) Das Ganze gut ist ein Bluff. Von wegen: ‚Ich will nicht,

   dass du Frieda noch mehr tust.' – Alles Fake!"

12) „Du meinst, in doch Wirklichkeit …" Ich wusste sofort,

   was er meinte.

13) Und ich ahnte, dass er recht ließ hatte.

14) „Genau!" Emil blieb stehen. „Da will jemand paar Gift

   zwischen euch beide streuen.

© Mildenberger Verlag · Bestell-Nr. 540-25

11 Einen Tagebucheintrag schreiben

Lies das elfte Kapitel aufmerksam durch und
schaue dir die Abbildungen genau an.
Frieda leidet sehr unter der Situation,
trotzdem will sie mit keiner Person darüber
sprechen. Abends macht sie ihrer Wut Luft
und schreibt sich in ihrem Tagebuch alles von der Seele.
Schreibe den Tagebucheintrag aus Friedas Perspektive.

12 Buchstabensalat

Lies das zwölfte Kapitel aufmerksam durch.
Lies die Wörter in den Kästchen und trage die fehlenden
Wörter in die Lücken ein. (Tipp: Ein Spiegel kann dir helfen!)
Lies den Text mindestens dreimal laut und flüssig.

Als wir plötzlich vor Nele standen, guckte sie wie ein _____, | otuA |

nur nicht so schnell. Sie kriegte kein _____ über die Lippen. | troW |

„Da staunst du, was?", sagte Frieda.

Und zu Neles _____: „Eigentlich wollten wir gar nicht kommen. | rettuM |

Nele war so _____ zu uns in letzter Zeit." | sief |

„Stimmt", bestätigte ich. „Richtig _____. | niemeg |

Aber jetzt können wir ja alles klären. Wird höchste Zeit."

„Lässt du uns bitte allein, Mama?" Nele hörte sich kleinlaut an.

Verwirrt blickte Neles Mutter uns an und _____ | dnawhcsrev |

dann im Haus.

Sofort drehte sich Nele wütend zu uns um.

„Ich hab doch gesagt ..."

„Ja ja, Schlampen sind _____ eingeladen", unterbrach Emil sie. | thcin |

„Aber ich sehe hier weit und breit keine.

Es ist also alles in _____." | gnundrO |

„Entweder ihr zischt sofort ab", sagte Philipp, „oder ..."

Emil stellte sich ihm in den _____. „Oder was?" | geW |

Ich hatte gar nicht gewusst, dass er so mutig ist.

Alle schauten zu uns rüber. Die Luft knisterte.

Aber nicht von der _____, denn das Gartenhaus war gut beheizt. | etläK |

„Lass nur", sagte Nele zu Philipp.

13 Wörter dem Inhalt zuordnen

**Markiere beim Lesen das passende Wort
und lies den Text mehrmals flüssig vor.**

Die ersten wollten **gehen/tanzen**. Aber Emil versperrte die Tür zum
Garten. „Draußen ist es viel zu **kalt/warm**", sagte er, „um die
Sache zu klären." Alle Achtung! Einmal in Fahrt gekommen, war er
nicht mehr zu bremsen. Dabei hatte ich immer **gedacht/gehofft**, er
wäre voll der Nerd. Einer der kneift, wenn es ums richtige Leben
geht. Aber gut, dass ich mich **getäuscht/informiert** hatte. „Was
müssen wir klären?", fragte Nele **schnippisch/freundlich**. „Weiß
irgendjemand, was wir klären müssen?"
Alle blieben **stumm/hungrig**. „Wir wollen feiern", erwiderte
Philipp. „Nicht **quatschen/essen**!"
„Und zwar ohne euch", sagte Nele. „Ohne euch drei. Nerds sind
nämlich auch nicht **eingeladen/interessant**." Emil trat ihr
gegenüber. „Warum nennst du dich bei QM eigentlich selbst
Tussi?", fragte er. „Spinnst du jetzt total!?", schnauzte sie ihn an.
„Und wer sonst soll Tussi sein?", fragte ich und schaute in die
Runde. „Keine Ahnung", sagte schließlich jemand. Alle schüttelten
den Kopf. Keiner wusste, wer Tussi war. „Das muss ja nicht
unbedingt jemand von uns sein!", rief Kira. „Jede Wette, dass Tussi
hier im Raum ist." Emil blieb **unbeirrbar/verschwunden**. Ich sah
Nele an, dass sie sich unwohl fühlte. Philipp schaltete Musik an. Er
wollte die Party eröffnen. „Moment noch!", rief ich. „Wo ist
eigentlich Marcel?" „Der nervt", murmelte Nele. „Wir haben uns
gezofft/verabredet."

14 Fragen & Antworten

Lies das vierzehnte Kapitel aufmerksam durch.
Lies die Fragen und kreuze immer nur die richtige Antwort an.
Kontrolliere mit dem Buch.

Wer war Quatschkopf 13?

☐ Der Hausmeister der Schule.

☐ Ein Erwachsener aus der Nachbarschaft.

☐ Neles kleiner Bruder, der heimlich in Frieda verliebt ist.

Wo treffen sich die Freunde?

☐ Bei Frieda zu Hause.

☐ In der Eisdiele.

☐ Auf dem Schulhof.

Wer war Tussi?

☐ Neles zickige Freundin Kira.

☐ Ein Erwachsener aus der Nachbarschaft.

☐ Marcel, Neles eifersüchtiger Verehrer.

Mit wem wollen sie nochmal über alles reden?

☐ Mit Frau Dirks, der Klassenlehrerin.

☐ Mit Friedas Eltern.

☐ Mit Lisas Eltern.

Wer ist Herr Professor?

☐ Der Besitzer der Eisdiele.

☐ Emil.

☐ Der Rektor der Schule.

© Mildenberger Verlag · Bestell-Nr. 540-25

Eine Zusammenfassung schreiben

Lies alle Kurztexte nochmal genau durch.
Schreibe eine Zusammenfassung über das gesamte Buch in dein Heft.
Die Kurztexte und die Bilder helfen dir dabei.

Legespiel zu „Ins Netz gegangen"

Mit diesem Spiel kannst du nochmal das gesamte Buch nachvollziehen.
Schneide die Bilder und die Satzkarten aus, schreibe zu jedem Bild einen
passenden Satz oder eine passende Überschrift auf eine Satzkarte.
Lege die Bild-Satz-Paare in der Reihenfolge der Handlung aneinander.
Mit ihrer Hilfe kannst du die Handlung des Buches nacherzählen.

✱ Du kannst auch mit einem Partner ein Memory spielen, dafür solltest du die
Karten vor dem Ausschneiden auf festeres Papier kleben.

Satzkarten zum Beschriften:

Buchbewertung

Du hast das Buch „Ins Netz gegangen" von Olaf Büttner zu Ende gelesen und alle Aufgaben bearbeitet. Nun kannst du das Buch bewerten.

1. Das hat mir gut gefallen:

    _____

    _____

    _____

    _____

2. Nicht so gut gefallen hat mir:

    _____

    _____

    _____

    _____

3. Meine Lieblingsstelle im Buch ist:

    _____

    _____

    _____

    _____

4. Bewerte das Buch – male aus:
    alle = sehr gut, keines = überhaupt nicht

© Mildenberger Verlag · Bestell-Nr. 540-25

Name: _____ Klasse: _____ Datum: _____

Arbeitsplan

Kapitel	Aufgabe	🙂	😐	√	Leh-rer/in	Bemerkungen

🙂 = Das ist mir leicht gefallen.   😐 = Ich muss nochmal nachlesen.

√ = Habe ich erledigt und kontrolliert.

Lesekartei

zu den Kapitelkurzfassungen
der 14 Kapitel des Romans

© Mildenberger Verlag · Bestell-Nr. 540-25

Lesetraining 1

**Lies den Text mehrmals laut und flüssig.
Ergänze dabei die fehlenden Vokale (a, e, i, o, u).**

Frieda und L◯sa finden ihr◯ alte Chat-Gr◯ppe
langweil◯g. Da ist Question Mark viel
spann◯nder. Man k◯nn Fot◯s einst◯llen
und F◯tos von and◯ren anonym b◯werten.
Frieda und Lisa b◯schließen, bei QM
mitzumachen. „D◯s kann ich euch n◯cht
empf◯hlen", sagt ihr Freund Emil.

- -

Lesetraining 2

**Hier musst du die Wortgrenzen erkennen.
Wenn es dir leichter fällt,
markiere die Wortgrenzen mit einem Stift.
Lies den Text mindestens dreimal laut und flüssig.**

EinesderFotosaufQMzeigteinMädchen
mitgrünenHaarsträhnen.Dusiehstaus,
alshättestdueinenFroschgefrühstückt,
schreibtFrieda.Siefindetdiesen
Kommentarlustig.AberEmilsagt,esist
volldaneben,jemandzubeleidigen.
Vorallem,wennmanihnnichtkennt.

Du siehst aus, als hättest du einen 🐸 gefrühstückt!

Lesetraining 3

Lies den Text und trage die fehlenden Wörter aus dem Kasten in die Lücken ein.
Lies den Text mindestens dreimal laut und flüssig.

machen / angeblich / sich / bald / Frieda / hat

Auf QM lernen _____ und Lisa einen

Jungen kennen. Er nennt _____ *Bolle 12*

und antwortet ihnen. *Bolle 12* ist _____

fünfzehn und _____ schon mal geknutscht.

Lisa und Frieda _____ sich über ihn lustig.

Bolle 12 meldet sich _____ nicht mehr.

Lesetraining 4

Schreibe den Text in Groß- und Kleinschreibung in dein Heft.
Lies den Text mindestens dreimal laut und flüssig.

JETZT WILL LISA EIN FOTO VON SICH AUF QM POSTEN.
EMIL WARNT SIE. ER KENNT NÄMLICH LEUTE,
DIE SCHLECHTE ERFAHRUNGEN DAMIT GEMACHT HABEN.
ABER FRIEDA GLAUBT IHM NICHT.
WAS SOLL DA SCHON GROSS PASSIEREN?

Lesetraining 5

Hier ist der Text unten abgeschnitten. Kannst du alles lesen?
Lies den Text mindestens dreimal laut und flüssig.

Frieda postet ein Selfie auf OM und kurz

darauf schreibt jemand: Du bist hübsch.

Jetzt setzt Frieda noch einen drauf:

Sie stellt den OM-Link in ihre alte Chat-Gruppe.

Auf einmal will einer, der sich Quatschkopp 13 nennt,

Friedas Oberweite wissen.

Frieda antwortet schnippisch, aber der Typ bleibt

hartnäckig.

Und alle anderen im Chat bekommen das mit

- -

Lesetraining 6

Zeichne die Silbenbögen ein und lies den Text mindestens dreimal laut
und flüssig.

„Na, was macht dein neuer Freund?",

fragt die zickige Nele im Chat.

„Hast du ihm deine Oberweite schon gezeigt?"

Und bald schreiben auch andere

in der Gruppe fiese Kommentare.

Frieda kocht vor Wut.

Lesetraining 7

Sortiere den Buchstabensalat. Lies den Text und trage die fehlenden Wörter in die Lücken ein. Lies den Text mindestens dreimal laut und flüssig.

Am nächsten _____ will in der Schule

niemand mit Frieda und Lisa _____.

Frieda hat für Quatschkopp 13 ein _____ von

sich hochgeladen. Das findet sie _____ .

Aber der Typ will _____. Er will sie im _____ sehen.

geMonr		gtiuls		ikiBni

	edren		hmre		diKneotofr

- -

Lesetraining 8

Hier sind die Wortgrenzen verrutscht. Markiere die Leerzeichen an der richtigen Stelle und schreibe den Text richtig in dein Heft ab. Lies den Text mindestens dreimal laut und flüssig.

Quatschk opp13 scheintFrie da undLis azu kennen.

Erzer sticht Fried asFahr radreifen vorder Schule – alsWarn

ung, weiler imm ernoch kei nBikini-Bild von ihrhat.

Auf QM tauch tein neue sFoto vonFrie daauf.

Vonein ersoge nannten Tussige postet:

Frie dabeim Sport inder Schu le.

Tussi willni cht, dass Quatsch kopp13 Frie daweit ernervt.

Lesetraining 9

Schreibe den Text in Groß- und Kleinschreibung in dein Heft.
Lies den Text mindestens dreimal laut und flüssig.

frieda ist sauer. sie denkt, dass lisa das foto gepostet hat,
um ihr zu helfen. inzwischen stehen immer mehr anonyme
kommentare auf qm. niemand will mit den beiden
mädchen mehr zu tun haben. das sind mega-tussis!
frieda und lisa sind entsetzt.
wer hat so einen hass auf sie?
und dann wird friedas foto noch einmal gepostet. aber
diesmal bearbeitet. frieda ist dick und hässlich.

- -

Lesetraining 10

Zeichne die Silbenbögen ein
und lies den Text mindestens
dreimal laut und flüssig.

Die beiden Mädchen und Emil glauben,

dass *Tussi* keine Freundin ist.

Irgendjemand will Gift zwischen Frieda und Lisa streuen!

Damit sie sich streiten.

Das kann nur die zickige Nele gewesen sein.

Sie hasst Frieda.

Lesetraining 11

Hier musst du die Wortgrenzen erkennen.
Wenn es dir leichter fällt, markiere die Wortgrenzen mit einem Stift.
Lies den Text mindestens dreimal laut und flüssig.

AllesindfieszuFrieda.

AbersiewillnichtmitihrenElternoderderKlassenlehrerin

darüberreden.FürsieistdasGanzepeinlich.

DannpostetNeleeineEinladung

zuihrerGeburtstagspartyanalle.

NurSchlampensindnichteingeladen ...

Lesetraining 12

Lies den Text mehrmals laut und flüssig.
Ergänze dabei die fehlenden Vokale (a, e, i, o, u).

Obw◯hl N◯le sonst eh◯r unb◯liebt ist,

kommt die g◯nze Kl◯sse und d◯e Chat-Gr◯ppe zu

ihr◯r P◯rty. Frieda und L◯sa tauch◯n ebenf◯lls a◯f.

Sie w◯llen die schr◯ckliche S◯che klär◯n.

Dass N◯le sie gem◯bbt hat, ist kl◯r.

Aber ob sie a◯ch die Stalkerin ist?

Lesetraining 13

In den Sätzen ist etwas durcheinandergeraten. Bringe die Wörter in die richtige Reihenfolge. Schreibe die Sätze richtig in dein Heft und lies den Text mindestens dreimal laut und flüssig.

Bei Nele im wollen alle Gartenhaus feiern,

doch heraus Emil fordert Nele.

Er will, wer Tussi wissen ist.

Aber Nele Ahnung und ihre Gäste haben keine.

Marcel Party fehlt auf der. Er sich mit Nele hat gezofft.

Kann es sein, dass ist Marcel Tussi?

Vielleicht er den Verdacht auf wollte Nele lenken,

um sich an zu rächen ihr.

Er ist, weil sie sauer Philipp cooler findet als ihn.

- -

Lesetraining 14

Lies den Text und trage die fehlenden Wörter (siehe unten) in die Lücken ein. Lies den Text mindestens dreimal laut und flüssig.

> *inzwischen / schlimmer / Erwachsener /*
> *über / wirklich / sind / Mädchen*

Alles hat sich geklärt. *Quatschkopp 13* war ein _____

aus der Nachbarschaft, der auch andere _____

gestalkt hat. Er hat sich _____ der Polizei gestellt.

Und Marcel war _____ Tussi. Frieda und Lisa _____

geschockt. Das Ganze hatte auch viel _____ ausgehen

können. Sie wollen mit der Lehrerin _____ alles reden

und planen einen Neuanfang.

Zusatztext:
Achtung, Troll-Alarm!

Lies den Text: „Achtung, Troll-Alarm!"
Kläre unbekannte Begriffe durch Nachschlagen oder Fragen.
Gestalte ein Plakat oder eine Wandzeitung zu dem Text.
Finde passende Bilder in Zeitschriften oder im Internet
oder zeichne eigene Bilder, die zu dem Thema passen.
Präsentiere deine Arbeit der Klasse.

Zusatztext:
Studie zur Mediennutzung

Schaut euch die Diagramme zur Mediennutzung der 6- bis 13-Jährigen genau an.
Besprecht in der Klasse, was die Angaben bedeuten und diskutiert,
ob die Ergebnisse auch auf euch zutreffen.
Was interessiert euch an der Mediennutzung eurer Mitschüler und
Mitschülerinnen? Erstellt einen Fragebogen für eure Schule und macht eine
Umfrage in möglichst allen Klassen.

Erstellt eigene Diagramme auf der Basis eurer Daten und präsentiert sie in der
Schule.

Zusatztext:
Taffe Tipps fürs Netz

Lies den Text: „Taffe Tipps fürs Netz" gründlich durch.
Wendest du die fünf Tipps bereits an, wenn du im Internet unterwegs bist?
Wenn nicht, was fällt dir daran schwer? Hast du noch weitere Tipps, die du
wichtig findest?
Besprich dich mit einem Partner und vergleicht eure Erkenntnisse.
Diskutiert eure Erkenntnisse in der Klasse.

Erstellt in der Klasse eine eigene Checkliste zum Thema „So komme ich sicher
durchs Netz" und präsentiert sie am Schwarzen Brett der Schule.

Arbeitsplan

Kapitel	Auf-gabe	😊	😐	√	Leh-rer/in	Bemerkungen
1.						
2.						
3.						
4.						
5.						
6.						
7.						
8.						
9.						
10.						
11.						
12.						
13.						
14.						
Zusatztext: Achtung, Troll-Alarm!						
Zusatztext: Studie zur Mediennutzung						
Zusatztext: Taffe Tipps fürs Netz						

😊 = Das ist mir leicht gefallen. 😐 = Ich muss nochmal nachlesen.

√ = Habe ich erledigt und kontrolliert.

Kapitelkurzfassungen auf einen Blick

Kapitel 1

Frieda und Lisa finden ihre alte Chat-Gruppe langweilig. Da ist Question Mark viel spannender. Man kann Fotos einstellen und Fotos von anderen anonym bewerten. Frieda und Lisa wollen bei QM mitmachen.

Kapitel 2

Eines der Fotos auf QM zeigt ein Mädchen mit grünen Haarsträhnen. „Du siehst aus, als hättest du einen Frosch gefrühstückt", schreibt Frieda. Sie findet das lustig. Aber Emil findet es voll daneben, jemanden zu beleidigen.

Kapitel 3

Auf QM lernen Frieda und Lisa einen Jungen kennen. *Bolle 12* ist angeblich fünfzehn und hat schon mal geknutscht. Lisa und Frieda machen sich über ihn lustig. *Bolle 12* meldet sich bald nicht mehr.

Kapitel 4

Jetzt will Frieda ein Foto von sich auf QM posten. Emil warnt sie. Er kennt Leute, die schlechte Erfahrungen damit gemacht haben. Aber Frieda glaubt ihm nicht.

Kapitel 5

Frieda postet ein Selfie auf QM. Da schreibt jemand: Du bist hübsch. Frieda setzt noch einen drauf: Sie stellt den QM-Link in ihre alte Gruppe. Jetzt will einer, den sie *Quatschkopp 13* nennt, Friedas Oberweite wissen. Frieda antwortet schnippisch, aber der Typ bleibt stur. Und alle anderen im Chat bekommen das mit.

© Mildenberger Verlag · Bestell-Nr. 540-25

Kapitel 6

„Na, was macht dein neuer Freund?", fragt die zickige Nele im Chat. „Hast du ihm deine Oberweite schon gezeigt?" Und bald schreiben auch andere in der Gruppe fiese Kommentare. Frieda kocht vor Wut.

Kapitel 7

Am nächsten Morgen will in der Schule niemand mit Frieda und Lisa reden. Frieda hat für *Quatschkopp 13* ein Kinderfoto von sich hochgeladen. Das findet sie lustig. Aber der Typ will mehr. Er will sie im Bikini sehen.

Kapitel 8

Quatschkopp 13 scheint Frieda und Lisa zu kennen. Er zersticht Friedas Fahrradreifen als Warnung, weil er immer noch kein Bikini-Bild von ihr hat. Auf QM taucht ein neues Foto von Frieda auf. Von einer sogenannten *Tussi* gepostet: Frieda beim Sport in der Schule. *Tussi* will nicht, dass *Quatschkopp 13* Frieda weiter nervt.

Kapitel 9

Frieda ist sauer. Sie denkt, dass Lisa das Foto gepostet hat. Inzwischen stehen immer mehr Kommentare auf QM. Niemand will mit den beiden Mädchen mehr zu tun haben. „Das sind Mega-Tussis!" Frieda und Lisa sind entsetzt. Und dann wird Friedas Foto noch einmal gepostet. Aber diesmal bearbeitet. Frieda ist darauf dick und hässlich.

Kapitel 10
Die beiden Mädchen und Emil glauben, dass *Tussi* keine Freundin ist.
Irgendjemand will Gift zwischen Frieda und Lisa streuen! Damit sie sich
streiten. Das kann nur die zickige Nele gewesen sein. Sie hasst Frieda.

Kapitel 11
Alle sind fies zu Frieda. Aber sie will nicht mit ihren Eltern
oder der Klassenlehrerin darüber reden. Für sie ist das Ganze
peinlich. Dann postet Nele eine Einladung zu ihrer
Geburtstagsparty an alle. Nur Zicken sind nicht eingeladen ...

Kapitel 12
Nele ist eigentlich unbeliebt. Aber die ganze Klasse und
die Chat-Gruppe kommen zu ihrer Party. Frieda und Lisa
auch. Sie wollen die schreckliche Sache klären. Dass Nele
sie gemobbt hat, ist klar. Aber ob sie auch die Stalkerin ist?

Kapitel 13
Bei Nele im Gartenhaus wollen alle nur feiern. Doch Emil fordert
Nele heraus. Er will wissen, wer *Tussi* ist. Aber Nele und ihre Gäste
haben keine Ahnung. Marcel fehlt auf dieser Party. Er hat sich mit
Nele gezofft. Marcel ist sauer, weil sie Philipp cooler findet als ihn.

Kapitel 14
Alles hat sich geklärt. *Quatschkopp 13* war ein Erwachsener
aus der Nachbarschaft. Er hat sich inzwischen der Polizei
gestellt. Und Marcel war wirklich *Tussi*. Frieda und Lisa sind
geschockt. Das Ganze hätte viel schlimmer ausgehen
können. Sie wollen mit der Lehrerin über alles reden.

© Mildenberger Verlag · Bestell-Nr. 540-25

4 Richtig oder falsch?

	R ☺	F ☹
Nur Kommentare zu schreiben findet Frieda langweilig.	✗	
Frieda will sich mit einem Foto bei QM anmelden.	✗	
Emil steht ganz vorne im Bus.		✗
Emil ist sauer auf Frieda und Lisa.		✗
Emil ist eigentlich nur sauer auf Frieda, aber die beiden Mädchen gehören ja irgendwie zusammen.	✗	
Emil ist sauer, weil Frieda Klugscheißer zu ihm gesagt hat.		✗
Emil rät Frieda davon ab, sich mit einem Foto bei QM anzumelden.	✗	
Er kennt Leute, die schlechte Erfahrungen mit QM gemacht haben.	✗	
Frieda klingt oft altklug und das nervt Lisa.		✗
Frieda ist überzeugt, dass ihr nichts passieren kann. Es kann sie ja schließlich keiner beißen.	✗	
Schon wieder Streit im Hause Frisia. Nele verspottet die Freunde.	✗	
Lisa bestärkte Frieda, endlich ein Foto bei QM zu posten.		✗

5 Wörtersuche

Frieda hatte es nun noch eiliger, ein Selfie einzustellen. Dass Emil ihr <u>abgeraten</u> hatte, schien ihr zusätzlich Dampf zu machen. Keine <u>Ahnung</u>, warum. Manchmal hatte ich den <u>Verdacht</u>, dass Emil ihr <u>wichtiger</u> war, als sie zugab. In der Pause legte sie den <u>Arm</u> um den <u>Schneemann</u>, der seit Tagen auf dem Hof stand. „Selfie mit Schneemann", sagte sie und lachte. „Wenn das nicht <u>cool</u> ist." Der erste <u>Kommentar</u> kam sofort: Endlich mal jemand <u>Nices</u>! Und ich meine nicht den weißen Typ links *grins*. Und der <u>nächs</u>ie: Du bist echt <u>süß</u>. „Siehste", sagte Frieda zu mir. „Geht doch."
Es <u>klinge</u>lte und wir gingen <u>zurück</u> ins Klas<u>senzimmer</u>. „Ich glaub, das wird noch ganz <u>lustig</u>", sagte Frieda. „Das glaub ich auch." <u>Insgeheim</u> dachte ich da<u>rüber</u> nach, wann ich selbst bei QM <u>einsteigen</u> konnte. Und Frieda <u>erriet</u> meine <u>Gedanken</u>. „Und wann stellst du ein Bild von dir ein?" Sie grinste mich an. Frau Dirks kam in die Klas<u>se</u>, wir setzten uns. „Wie kommst du denn darauf?" Ich fühlte mich ertappt. Ich wollte es nicht, aber Emils warnen<u>de</u> Worte hall<u>ten</u> in meinem Kopf nach.

---

1 Finde die Fehler

Für die Schule brauchten wir <u>fast</u> nichts mehr machen, bald gab es Freikarten. Und <u>drinnen</u> war es so warm, dass wir keinen Fuß <u>in</u> die Tür setzen wollten. Friedas <u>gelbes</u> Sofa war der <u>ungemütlichste</u> Ort auf der Welt. Hier konnte man es kaum aushalten. Unsere Chat-Gruppe gab nicht mehr viel her. Seit fast alle aus der Klasse dabei waren, war sie nicht mehr spannend. Neue Fotos und Videos, die von den anderen kamen, guckten wir uns <u>nicht</u> mehr an. Immer der gleiche Mist. Vor allem von <u>Nicole</u>. Sie war die Einzige in der Klasse, die wir nicht leiden konnten. Seit sie sich mit Philipp und Marcel aus der Siebten traf, hob sie sich <u>nicht</u> mehr ab. Sie dachte, Wunder wer sie ist.

2 Was passt zusammen?

1) Du siehst aus, als hättest du einen Frosch gefrühstückt.
2) Das Bild zeigte ein hübsches Mädchen mit grünen Haarsträhnen.
3) Wir drei saßen in der kleinen Eisdiele in der Fußgängerzone.
4) Draußen war es kälter als am Nordpol.
5) Vor uns standen Riesenbecher mit dampfendem Kakao.
6) „Yes!" Frieda und ich klatschten uns ab. „Um was hatten wir nochmal gewettet, Emil?"
7) „Hast du sie jetzt etwa beleidigt?", fragte er empört.
8) Aber Emil war trotzdem sauer, dass Frieda das mit den Fröschen geschrieben hatte.
9) Dann sah sie mich an, als ob sie mit ihr lachen sollte.
10) Irgendwie hatte Emil ja recht. Genervt sprang er auf und ging nach draußen.

3 Lesen und ergänzen

Auch wir zogen unsere dicken <u>Jacken</u>, Schals und Mützen an. Die Hände gut in Hand<u>schuhen</u> verstaut, gingen wir zu Frieda nach Hause. Draußen konnte man es kaum aushalten. Die Kälte war klirrend. In dicken Wolken ballte sich der <u>Atem</u> vor unseren Gesichtern. Wir legten uns auf Friedas <u>Sofa</u> und schrieben zum ersten Mal auf QM an ein paar Jungs. Die waren da viel weniger unterwegs, jedenfalls mit Foto. Aber einige gab es doch.
Manche waren schon etwas <u>älter</u>. „Der sieht ja <u>süß</u> aus", sagte Frieda bei Bolle 12. „Na ja." Ich war eher skep<u>tisch</u>. Frieda sah mich kurz an und schrieb dann: Meine Freundin findet dich voll süß! Er war <u>online</u>. Wer ist deine Freundin? Und wer bist du? Seid ihr auch süß? :-) Durch seine Antwort war unser Chat <u>öffentlich</u>, aber wir waren ja <u>anonym</u>.

4 Textsalat

(1) „Nur Kommentare zu schreiben, ist langweilig", meinte Frieda am nächsten Morgen im Bus zur Schule. …
(2) „Ach so." Jetzt drehte sie sich zu ihm um. „Keine Sorge. Ich glaub nicht in echt, dass du mein Papa bist, Klugscheißer." …
(3) „Nein, Papa", sagte sie so leise, dass nur ich es hören konnte. „Und warum nicht?", fragte sie laut.
(4) „Wenn man aufpasst, passiert schon nichts", sagte Emil genervt.
„Echt großzügig, Papa." Plötzlich wirkte Frieda richtig sauer.
Ein paar andere drehten sich zu uns um. …
(5) „Oh", sagte sie spöttisch, „Ärger im Hause Frisia?" …

6 Textpuzzle

1) Irgendwie hatte Nele es geschafft, fast alle auf ihre Seite zu ziehen.
2) Das war komisch, denn eigentlich war Frieda viel beliebter als sie.
3) Nele hatte nur die zickige Kira als Freundin. Und natürlich Philipp und Marcel, die sie anhimmelten.
4) Dabei behandelte Nele sie, als wären sie ihre Diener. „Trag mal meine Tasche, hol mal meine Jacke." Und die Jungs machten alles, was sie sagte.
5) Frieda und ich konnten beide nicht ab.
6) Kira hatte sich als Erste eingeschaltet: @Frieda: *Wo bist du denn sonst noch so unterwegs, um Jungs anzumachen?*
7) Ein paar andere hatten mitgemacht. Ihre Kommentare waren auch nicht besser.

9 Sätze vervollständigen

„Du glaubst doch nicht wirklich, *dass ich das war, oder?"*
Ich ließ mich auf das andere Ende *von Friedas Sofa fallen.*
„Doch, nur du kannst Tussi sein. Wer sonst würde so was schreiben? Schließlich wollte *mir da jemand helfen."* „Im Grunde war's ja keine schlechte Idee. Aber glaubst du im Ernst, dass ich *mich Tussi nennen würde?"* Nach ihrer Nachricht war ich zu Frieda gerutscht. Im wahrsten Sinne des Wortes. Es hatte nun geregnet *und dann gefroren.* Zwei Mal war ich auf der spiegelglatten Straße ausgerutscht. Alles nur wegen Frieda. Aber wegen der Tussi *grinste sie jetzt ein bisschen.* „Stimmt", sagte sie. „Ich sehe es ein. Das würdest *du nie im Leben machen."* Sie rückte ein *Stück näher an mich he an.* „Aber wer ist es dann *gewesen?*
Wer will mir helfen und stellt sich dabei so dämlich an?"
„Emil!" Es kam *mir vor, wie eine Erleuchtung.* „Der und dämlich?" Frieda war skeptisch. „Das passt nicht zu ihm. Da nennst du dich noch eher Tussi." „Er wollte dir *helfen und hat nicht nachgedacht."* „Der und nicht nachdenken? Das passt erst recht nicht."
Die anonymen Kommentare auf QM häufen sich. Zuerst waren sie noch harmlos, *aber schnell immer fieser.*

10 Leseübung Kuckuckseier

1) „Hab ich euch gewarnt oder hab ich ~~er~~ euch gewarnt?"
2) Emil liebte solche ~~ohne~~ Wortspiele.
3) Aber wir waren nicht in der ~~grünen~~ Stimmung, darüber auch nur müde zu grinsen.
4) Natürlich war er es nicht gewesen, der das ~~erste~~ Foto bei QM ~~zweite~~ eingestellt hatte.
5) Wir liefen auf dem zugefrorenen ~~mutig~~ See Schlittschuh.
6) Das Eis war seit ~~trockenen~~ Tagen dick genug.
7) „War doch klar, dass Frieda so ein ~~sicher~~ Post nur schadet", sagte er.
8) „Aber wenn du es ~~kochen~~ nicht warst, wer war es dann?"
9) Er fuhr ein paar Schritte schneller und ließ sich ~~gefroren~~ dann wieder zurückfallen.
10) „Natürlich!", rief Emil plötzlich ~~möglich~~. „Tussi ist gar keine Freundin, und auch kein Freund.
11) Das Ganze ~~gut~~ ist ein Bluff. Von wegen: ‚Ich will nicht, dass du Frieda noch mehr tust.' – Alles Fake!"
12) „Du meinst, in ~~doch~~ Wirklichkeit …" „Ich wusste sofort, was er meinte.
13) Und ich ahnte, dass er recht ~~ließ~~ hatte.
14) „Genau!" Emil blieb stehen. „Da will jemand ~~paar~~ Gift zwischen euch beide streuen.

---

12 Buchstabensalat

Als wir plötzlich vor Nele standen, guckte sie wie ein **Auto**, nur nicht so schnell. Sie kriegte kein **Wort** über die Lippen. „Da staunst du, was?", sagte Frieda. Und zu Neles **Mutter**: „Eigentlich wollten wir gar nicht kommen. Nele war so **fies** zu uns in letzter Zeit."
„Stimmt", bestätigte ich. „Richtig **gemein**.
Aber jetzt können wir ja alles klären. Wird höchste Zeit."
„Lässt du uns bitte allein, Mama?" Nele hörte sich kleinlaut an. Verwirrt blickte Neles Mutter uns an und **verschwand** dann im Haus. Sofort drehte sich Nele wütend zu uns um.
„Ich hab doch ge~~sagt~~ …"
„Ja ja, Schlampen sind **nicht** eingeladen", unterbrach Emil sie.
„Aber ich sehe hier weit und breit keine. Es ist also alles in **Ordnung**."
„Entweder ihr zischt sofort ab", sagte Philipp, „oder …"
Emil stellte sich ihm in den **Weg**. „Oder was?"
Ich hatte gar nicht ge~~wusst~~, dass er so mutig ist.
Alle schauten zu uns rüber. Die Luft knisterte. Aber nicht von der **Kälte**, denn das Gartenhaus war gut beheizt. „Lass nur", sagte Nele zu Philipp.

14 Fragen & Antworten

Wer war Quatschkopf 13?
✗ Ein Erwachsener aus der Nachbarschaft.

Wo treffen sich die Freunde?
✗ In der Eisdiele.

Wer war Tussi?
✗ Marcel, Neles eifersüchtiger Verehrer.

Mit wem wollen sie nochmal über alles reden?
✗ Mit Frau Dirks, der Klassenlehrerin.

Wer ist Herr Professor?
✗ Emil.